LA BÚSQUEDA
DE LA
BARBA PERDIDA

LA BÚSQUEDA
DE LA
BARBA PERDIDA

*Una mirada interna
al control mental de una religión*

Jose Manuel Leon Del Campo

Para realizar pedidos de este libro, contacte con:
Palibrio LLC
1663 Liberty Drive
Suite 200
Bloomington, IN 47403
Gratis desde EE. UU. al 877.407.5847
Gratis desde México al 01.800.288.2243
Gratis desde España al 900.866.949
Desde otro país al +1.812.671.9757
Fax: 01.812.355.1576
ventas@palibrio.com
637893

ÍNDICE

DEDICATORIA

Dedico estas vivencias escritas a todas aquellas personas que estuvieron a mi lado justo cuando más lo necesitaba…y esos no fueron otros que mi familia: A mis Padres, porque en esos momentos, y siempre, han tenido palabras de Aliento y Fortaleza par mí. A mis hermanas, quienes nunca, ni siquiera cuando emprendían caminos diferentes, y repito, nunca, me dieron la espalda, al contrario también fueron fuente de alivio y respaldo. A mi esposa, quien vivió junto a mí, esta experiencia amarga de lucha y quien también, sin sentido alguno, recibió el rechazo de aquellos que se proclamaban "sus amigos". A mis hijas, quienes calladamente también vivieron la amarga experiencia del rechazo y siempre apoyaron a su Papá.

Y, al principal ayudante y mi principal Fortaleza: Mi Dios Todopoderoso Jehová quién me demostró a través de este calvario vivido, que El, no se encuentra preso dentro de ninguna religión, sino que escucha, ayuda y bendice a todo aquel que tiene un corazón contristado y que me reveló mediante esta experiencia, que Nuestro Señor y Dios Jesucristo es el único medio provisto de Salvación al cual puedo acudir en oración y el cual me consoló y sanó mis heridas…Amén!

INTRODUCCIÓN

La historia que van a leer es mi historia, *real y verdadera*. No tengo porqué añadir, quitar, ni exagerar. He tomado varios meses en redactar este escrito para que la información resulte lo más objetiva posible y tratando de disminuir y hasta, si me fuera posible, eliminar, el sentimiento de dolor y frustración que resultó haber en mí, al tener que vivir lo relatado a continuación… Espero que la lectura le sirva de reflexión y análisis profundo, de lo que es Adorar a Dios y lo que es *una forma* de adoración a Dios.

SUBIENDO A LA TORRE

I

Siempre se me inculcó desde pequeño un profundo respeto por Dios, su palabra la Biblia y por todo lo relacionado a lo espiritual. En mi adolescencia, sentí el deseo de buscar las respuestas a muchas preguntas relacionadas a la vida que siempre había tenido, tales como; ¿Porqué estamos aquí? ¿Por qué morimos? ¿Hay vida después de la muerte?, ¿Habrá un Fin del Mundo? entre otras. Luego de visitar algunas religiones, decidí estudiar la Biblia con Los Testigos de Jehová. Esta religión tiene como símbolo en su revista "La Atalaya" una Torre, desde donde ellos supuestamente vigilan los acontecimientos mundiales y los estudian a la luz de sus propias conclusiones. Esa Torre es a la que hago referencia ya que fue la "entrada a ella" y sus creencias la que estaré relatando aquí.

El camino para entrar a esta religión lo podría describir como uno lleno de pétalos de rosas y aromáticas flores en todo su entorno.

El contacto con ellos vino por casualidad en mi plena adolescencia y con tan sólo 18 años de edad. Corría el año 1982 y mientras visitaba a mi abuela en su hogar, en uno de los muebles de la casa de mi abuela encontré el libro Usted Puede Vivir Para Siempre en el Paraiso en la Tierra",Este libro fue publicado por la Watchtower Bible & Tract Society of Pennsylvania, (en adelante en este libro la "WT"). Es esa Watchtower (WT) ubicada en Nueva York , E.U. en donde se encuentran las oficinas centrales y el cuerpo gobernante que rige y dictamina todas las ensenanzas y publicaciones que estudian y promocionan los testigos de Jehova en todo el Mundo. ¡Que título tan atrayente! ¡Imagínese, Vivir para siempre en un paraíso! Esto me llamó mucho la atención y le pedí a mi abuela si podía llevarme el libro y, sin reparos me dijo que si, ya que solo lo había comprado a los testigos "para cooperar".

La lectura de este libro fue muy atrayente para mí, por varias razones. Primero, sus ilustraciones de un paraíso hermoso con miembros de toda nación viviendo en Paz, incluso con sus atuendos típicos, sonrientes y en grata compañía. Segundo, las profecías que con tanta seguridad afirmaba este libro que acontecerían en un lapso tan corto de tiempo, que, hasta era imposible pensar que este mundo duraría siquiera unos 10 años más desde aquel entonces.

Tan pronto sentí la urgencia que ese libro afirmaba, decidí visitar la casa de una ex compañera de escuela elemental que yo sabía que era testigo de Jehová para que hiciera arreglos con algún testigo a fin de hacer arreglos para un estudio de la biblia con ellos semanalmente, tal y como el libro exhortaba a hacer. Así se hicieron los arreglos y, semanalmente me visitaba un testigo para considerar la publicación de la WT. Pronto se me invitó a visitar el "salón del reino" (así llaman los testigos a sus iglesias), a participar de los estudios de otras publicaciones, a participar del estudio de las revistas Atalayas los domingos y hasta a comenzar a ir de "casa en casa" para promover estas enseñazas a otras personas. De esta forma, sin darme cuenta, había entrado de lleno a toda actividad dentro de la Watchtower. Culminando esto en mi bautismo dentro de esta religión el 6 de diciembre de 1986.

No pasó mucho tiempo en haber comenzado mi asociación con los testigos cuando conocí a una humilde y hermosa joven testigo, con la cual comencé una relación de noviazgo la cual culminó en nuestra boda en el 1988. Mi esposa era entonces "precursora regular", un término que se usa para los testigos que emplean más horas de "casa en casa" y tienen que cumplir con más de 100 horas al mes reportadas a la WT.

Pronto nació nuestra primera hija y en tres años siguientes, nuestra segunda hija llegaba al mundo. Pensaba que sería hermoso educar a mis dos hijas dentro de esta organización religiosa.

AFERRADO A LA TORRE

II

En este comienzo puedo describirme como un hombre completamente aferrado a la torre del vigía y ciegamente seguidor de cada mandato que saliera de ella.

Mientras era testigo activo me aferraba tenazmente a cada una de las doctrinas que me enseñaron de la WT. Esto implicó, dejar de compartir con mis familiares no testigos (Mis padres, mis hermanas y sus familias) en ninguna de las actividades que la WT condena como satánicas, a saber; Día de las madres, Día de los Padres, Cumpleaños, Acción de Gracias, Navidad, etc.

Mientras me aferraba a la WT, recuerdo lo tenaz y mordaz que en muchas ocasiones fui con mi propia familia. En una ocasión, llegué a cas de mis padres para un aniversario de bodas (actividad que irónicamente si celebran los testigos, pero no los cumpleaños) y, al poco tiempo de estar en la actividad, me percaté de dos pasteles que en la mesa se encontraban, uno de cumpleaños que ya había sido cortado y otro de ningún motivo llevado allí como postre del compartir, por la cual, yo entonces adoctrinado, exigí que se me cortara del pastel que no era de cumpleaños, por lo que tuvieron que, aún quedando gran parte del pastel de cumpleaños por consumir, hice trozar del otro bizcocho para no "pecar ni ofender a Jehová" como me decía la WT. En otra ocasión, que mi madre trató de razonar conmigo y mis creencias salí despavorido de allí sumamente "ofendido" diciendo que no se me respetaban mis puntos de vista religiosos.

En época de las fiestas de navidad, como mi familia es muy unida y comparte durante esas fiestas, les exigía hacer unas reuniones con mucha antelación a las fechas de diciembre, pues el mero hecho de celebrar una reunión familiar cerca del 25 de diciembre me haría entrar en pavor y miedo de que "Jehová" me castigara por haber compartido con mi familia. También les exigía mi familia que si querían regalarle a mis hijas de navidad o cumpleaños tenían que hacerlo dos semanas antes de las fechas, para no "pecar y serle infiel al Jehová de la WT".

Piense amigo lector, todas las situaciones difíciles que hice pasar a mi familia con tal de seguir fiel a las normas de la WT. Sin contar el sufrimiento que ellos tuvieron por 23 años al no verme compartir con ellos en ninguna de las fechas de gran significado. Piense un momento, en el Día de las Madres e imagine a mi madre con sus tres hijas alrededor pero sin su hijo varón compartir con ella en esa fecha.

SE AGRIETA LA TORRE

III

Una manera de los testigos recibir información de su oficina central en Brooklyn es a través de la revista "La Atalaya". Y con ella es que ellos "estudian" la Biblia.

En este "estudio de la biblia" que, no era otra cosa que el estudio de la publicación del libro de la Watchtower (WT), se me fue adoctrinando con las profecías de la WT y una de ésas enseñanzas "sólidas" de la WT y que me emocionaba ver su cumplimiento final, lo era la "profecía" promulgada en ese entonces por la WT de que "La generación del 1914 no pasaría" antes del fin del mundo. La WT en todas sus publicaciones, enseñaba que la generación a la que Jesucristo hace referencia en **Mateo 24:34** de que "Esta generación de ningún modo pasará antes del fin" era *la generación de personas que estaban vivas y vieron los sucesos del 1914* (Libro "Usted Puede Vivir Para Siempre en un Paraíso Aquí en la Tierra" página 154 párrafo 8, y Revista Despertad 8 de abril 1969, páginas 13, 14). Recuerdo que en ese entonces, y, cada año, crecía más las expectativas de que llegaría "el fin" y la WT abonaba a esto, pues recalcaba que dicha generación ya estaba entre los 75 y 80 años (Edad que tendría esa generación entonces para el 1982), por lo que, en cada reunión de testigos, en cada estudio de la biblia, y cada conversación giraba en la expectativa puesta de que esa generación no moriría antes del fin y por ende, el fin "estaba a la vuelta de la esquina".

Siempre estuve muy confiado de que todas las enseñanzas aprendidas de la Watchtower eran de base sólida e irrefutables… pero esto cambió un día de verano de 1995, en una asamblea de Testigos de Jehová. Allí en uno de los discursos principales se hizo un anuncio y discurso que anunciaba *un cambio de entendimiento* en cuanto a "la generación que no pasaría" a la que hizo referencia Jesucristo. La nueva explicación es un tanto confusa y pone de manifiesto más o menos que "es toda generación inicua presente al momento de la destrucción".

Recuerdo muy bien lo que pasó por mi mente al escuchar la nueva explicación. Entre otras cosas recuerdo preguntarme si el fin lo habían extendido de una forma u otra, o si la WT había cambiado las reglas del juego para no quedar mal con lo de la generación del 1914. ¡Todo eso pasó por mi mente! Pero nunca mencioné nada al respecto, porque aún confiaba en que, "Jehová había dado por fin el entendimiento final". Pero esto no fue así, pues vendría un descubrimiento de cambios en fechas y profecías hechas por la WT que yo desconocía.

Otro de estos cambios inesperados y que me intrigó mucho lo fue en cuanto a la negativa de la sangre que ocurrió se anunció en el 2000. Siempre se nos dijo que el texto de Hechos 15: 29 de "abstenerse de la sangre" aplicaba a *todo componente y la sangre completa en sí misma*. "La citas tomadas de las revistas "The Watchtower", publicadas en ingles, las presento en su idioma original de publicacion, para que tengan todo el sentir de las revistas y con esto, no quiero alterar ni una sola letra de lo que las revistas indican en su lectura original. Es por esto tambien, que mas adelante , amigo lector, usted encontrara mucha informacion que estare citando de esas publicaciones de la Watchtower en su idioma original del ingles."

*"If you have reason to believe that a certain product contains blood or a blood fraction...if the label says that certain tablets **contain hemoglobin**...this is from blood...a Christian knows, without asking, that **he should avoid** such a preparation. - The **Watchtower** 11/01/1961, p. 669*

*Is it wrong to sustain life by administering a transfusion of blood or **plasma or red cells or others of the component** parts of the blood? Yes!...the prohibition includes "**any blood at all.**" - Blood, Medicine and the **Law of God**, 1961, pp. 13, 14*

No había duda de que nada de la sangre era permitido, sinembargo, la WT cambió las normas y en la Atalaya del 15 de junio del 2000 mencionó:

*"...when it **comes to fractions of any of the primary components**, each Christian, after careful and prayerful*

meditation, **must conscientiously decide for himself.**" The
Watchtower 2000; June 15:29-31

La siguiente tabla aparecida muestra al Testigo lo que le permite
la WT aceptar y lo que no le permite.

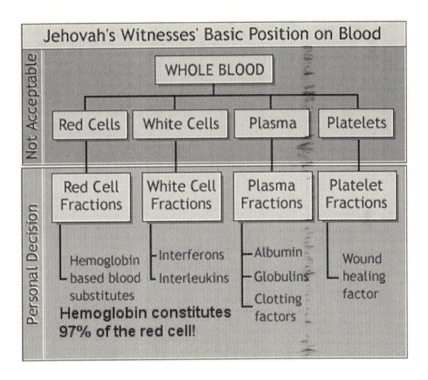

Mi duda entonces creció pues en mi mente estaba la pregunta de
si aceptar estos componentes sanguíneos no sería lo mismo que
aceptar sangre. Cada uno de los componentes que ahora permite
por conciencia la WT al Testigo aceptar, contiene sangre.

¿Quién puede decidir lo que de la sangre se puede tomar y lo que no se puede tomar? ¿Dónde dice Jehová que podemos fraccionar la sangre?

Calladamente y sin mencionar mis dudas en cuanto a la nueva postura, investigué en artículos de ciencia y medicina de lo que se componen las fracciones que ahora la WT le permite a un testigo aceptar.

Note lo que encontré:

Albumin: Blood contains about 2.2 % albumin by volume. As we have seen, leukocytes – which are prohibited – comprise about 1%. The red blood cell stimulant EPO is an albumin based blood product. Albumin is often used to treat burns. A typical treatment for third degree burns (30-50 %) requires 600 grams of albumin. Producing this amount requires ***about 45 liters of whole blood***.

RhO Immune Globulin (RhoGam): Given to Rh negative mothers to prevent Hemolytic Disease of the newborn in future pregnancies.

Human Immune Globulin (HIG): Used to treat and prevent, among other things, Hepatitis A

Tetanus Immune Globulin: (Tetanus Shot)

El tema de la sangre es muy extenso y pudiera dedicársele mucho más, sin embargo me pregunté al conocer de esta nueva postura de la WT si no es inconsistente el que no se acepte la sangre, pero sus componentes si, y qué hay de aquellos que fueron expulsados o pero aún, que murieron por no aceptar los componentes sanguíneos que antes prohibía la WT y que ahora no.

No sé lo que en el futuro hará la WT en cuanto a la sangre. Pero es muy importante hacer notar unos cambios sigilosos encontrados en las propias revistas de la WT que me hacen pensar si eventualmente la postura rígida de la sangre que impone la WT está siendo abierta poco a poco.

No solamente con lo explicado en cuanto a los componentes ahora permitidos sino en lo que detallo a continuación.

Uno de los principales argumentos que se nos enseñó a través de la WT es que la sangre *NO es un órgano* sino *un líquido o alimento* que recibe el cuerpo. (Más adelante citaré las revistas donde la WT cambia su postura en cuanto a la prohibición del transplante de órganos y cuando luego los permite).

Notemos lo que la revista Despertad del mes de agosto de 2006 menciona de la sangre:

"Un *órgano* excepcional"

La sangre por su gran complejidad pudiera considerarse *un verdadero órgano*".

(Despertad Agosto 2006 página 3, párrafo 1)

"La opinión de los expertos"

"... Con razón Brian McClelland, Director del Servicio de transfusión Sanguínea de Edimburgo y Sudeste de Escocia ruega a los médicos que recuerden que **"una transfusión es un transplante (de órgano)** y, por lo tanto administrarla o no, es una decisión que no se debe de tomar a la ligera". (Despertad Agosto 2006 pág. 3, párrafo 3.

Ahora sugestivamente la WT menciona y cita que "**la sangre es el único órgano líquido del cuerpo humano**" Despertad Agosto Página 4.

Ahora queda en la mente del Testigo de Jehová, **en su conciencia** interior, otro cambio más que la WT hace a sus opiniones. Ahora es que el Testigo puede pensar que la sangre es un órgano…antes NO. Entonces, si se aceptan los transplantes de órganos para salvar las vidas, **¿Puedo aceptar una transfusión del órgano de la sangre? Este órgano líquido también salvavidas.**

Pero estos cambios de puntos de vista y profecías de parte de la WT no fue lo primordial que me llevó a una fuerte lucha por mi **libertad de conciencia**, sino las experiencias personales que estaba a punto de vivir con las normas impuestas por la WT en todas las congregaciones…

SE PROFUNDIZAN LAS GRIETAS EN LA TORRE
IV

"…Amarás a tu prójimo como a ti mismo…"
Lucas 10:27

Corría el verano de 2004. Para esa fecha yo continuaba siendo un miembro activo como siervo ministerial en la congregación de los Testigos de Jehová en un pueblo del centro de la isla de Puerto Rico. Vengo de una familia donde ninguno de ellos pertenece a los Testigos de Jehová. Sin embargo, son una familia con mucho respeto a todos los asuntos espirituales y temerosos de Dios a su manera. En el mes de mayo de ese año se presentó la primera prueba de Fe y Amor no solamente para mi familia, sino también para los miembros de mi congregación y sus ancianos de congregación (Ministros o Pastores).

Mi padre, saludable siempre, hombre de nunca estar hospitalizado y muy dinámico, sufrió un ataque al corazón. Toda mi familia estaba en alerta y movilizada en el hospital. A la sazón se construía el nuevo Salón del Reino de nuestra congregación y saliendo de madrugada de la vigilancia que se realiza para proteger al Salón del Reino en construcción y sus materiales, que voluntariamente realizaba con mi esposa y mis hijas me llamó una de mis hermanas para darme la noticia de mi padre.

Como tenía otros privilegios o asuntos que atender de la congregación y sabía que no podría atender en medio de lo ocurrido, dejé información de lo ocurrido a mi padre con la esposa de un anciano (Pastor) de la congregación al no poder contactarlo a el directamente. Fueron muchos los días que estuvimos en el hospital con mi padre, haciendo arreglos de quedarnos en la noche y vigilando por su salud.

Durante todos esos días veía de continuo a los pastores de las iglesias de mis hermanas visitar a mi padre, así como elevar oraciones por su salud. No fueron pocos los días en que escuchaba que se realizaría "un círculo de oración", "oraciones en la iglesia" y todo tipo de ayuda espiritual que se necesita tanto en esos momentos. Sin embargo, yo no tuve la misma bendición, no tuve ni las visitas, ni las llamadas, ni el apoyo tan necesario en esos momentos de los que fueron mis Pastores de la congregación. Siempre me pregunté "¿ Dónde quedó mi notificación de la gravedad de mi padre al anciano de congregación?" No lo sé. Pero sería la primera vez que me sentía sin consuelo espiritual, sin ayuda, sin pastores que resultaran ser "como escondite ante la tempestad" (Isaías 32:2).

Tanta fue mi indignación que solicité reunirme con el superintendente presidente de la congregación y, al reunirme con él, le conté de mi sentir al respecto. No fue sorpresa para mí recibir en la siguiente reunión en el Salón del Reino todo tipo de preguntas y muestras de interés de los ancianos (pastores) de la congregación respecto a la salud de mi padre. Por supuesto que agradecí esos gestos…pero habían llegado algo tarde para sentirlos genuinos.

Convencido de que todos somos imperfectos y que ninguno estamos exentos de falta, continué asistiendo a las reuniones de congregación. No podía sospechar ni imaginar que en tan solamente unos meses volvería a pasar por otra situación.

"Ay de ustedes Fariseos….porque han desatendido los asuntos de más peso, a saber: La Justicia y La Misericordia…"
Mateo 23:23

Era el mes de diciembre de 2004. Todos los años acostumbro llevar a mis hijas a una Feria de Máquinas de diversión que siempre visita a Puerto Rico durante los meses de diciembre y enero. Me disponía a llevar a mis hijas a dicha Feria tal como había hecho en años anteriores, solo que en esta ocasión la misma Feria llevaba por primera vez el nombre "Feria de Máquinas y Parque Navideño" ya que habían puesto unas estampas navideñas a la entrada del parque que, si uno gustaba, podía detenerse a disfrutar antes de continuar caminando hacia el área de las máquinas de diversión. Algo similar a cuando frecuentas un Centro Comercial o "Mall" durante todo el año, pero que en navidad adornan con estampas navideñas. En nada interfería las estampas o se involucraban con el uso de las machinas de diversión. Como hermano deseoso de ensanchar el compartir entre hermanos, ese año tuve el amoroso gesto de invitar a unos hermanos a venir con mi familia a visitar el parque. Para sorpresa mía, la objeción fue casi inmediata. La hermana había puesto en duda si como cristianos deberíamos asistir a dicha feria, ya que llevaba el nombre de "navideño" y tenía estampas navideñas en la entrada.

Tan solo una semana después, y para sorpresa mía, me reunió el Pastor presidente de la congregación para abordarme respecto a mis intenciones de ir a visitar con mi familia la feria. De inmediato pude deducir que la hermana había hablado con el anciano (Pastor) de congregación para exponerle su preocupación. El propósito principal lo era el hacerme desistir de ir a la Feria, ya que si lo hacía, haría tropezar a los hermanos (obviamente a la hermana que yo había invitado). No importó los argumentos que le expuse para demostrarle que en nada interfería con **mi conciencia** el pasar por delante de las decoraciones navideñas allí puestas para disfrutar las máquinas de diversión. El pastor continuaba enfatizando *en el nombre navideño* y las decoraciones que le habían puesto a la Feria.

Sin embargo, todavía puedo recordar, su cara sin ningún gesto de reacción, cuando le expuse la siguiente comparación a los hechos en discusión; "Cuando a usted le entregan su bono de **Navidad**, ¿Lo rechaza porque lleva el nombre de **Navidad**?". Un silencio de unos 5 a 10 segundos precedió al comentario de "No es lo mismo". Le dije que en mi caso en particular, mi bono *de Navidad*, no solamente llevaba el nombre, sino que también venía en un sobre *decorado con estampas navideñas*. "No es lo mismo", retumbaron nuevamente sus palabras, sin ningún argumento adicional…

Por lo que decidí poner fin a aquella estéril e inútil conversación.

En la siguiente reunión de congregación el pastor me llamó aparte para preguntarme si ya había tomado una decisión. Le dije que yo *no* había cambiado mi punto de vista y que mi **conciencia** no me impedía asistir a la feria, por lo cual asistiría. Era de esperarse que en la siguiente reunión de congregación me llamaran aparte. Y así sucedió, el y otro anciano (Pastor) se reunieron conmigo aparte en el cuarto de sala B, conocido calladamente entre los testigos de la congregación como: "El cuartito frio", debido a que en ese salón es que llaman la atención, corrigen, advierten, y amenazan a los testigos. Fue en ese cuartito que me dejaron saber saber que, y puedo citar sus palabras: "Si insistes en ir (a la feria), pueden correr peligro tus privilegios (participaciones) en la congregación" (La amenaza implicaba que me destituirían de siervo ministerial, ya no podría ser lector de La Atalaya y otros asuntos del salón tampoco los podría manejar). Los miré, y les pregunté: ¿O sea que voy a perder los privilegios si voy a la Feria? Este es otro gesto que jamás olvidaré de este pastor, trataré de describirlo pues el gesto no vino acompañado de ningunas palabras. Encogió su cuello entre los hombros y torció sus labios como en gesto de "pues tu te lo buscas". Considerando que ya me habían contestado, no pregunté nada más y me fui.

El maltrato emocional que esto estaba causando a mi y a mi esposa era muy fuerte. Mi esposa ya estaba suplicándome que desistiera de la idea de ir a la Feria, lo cual yo no aceptaba hacer, pero, solamente por mi esposa y su bien emocional, finalmente y por primera vez en varios años, no fui a la Feria de Diversiones para que una hermana no tropezara espiritualmente *por el nombre y las decoraciones navideñas* que tenía la Feria. Le aseguré a mi esposa que el siguiente año sí iría y que por supuesto, no invitaría a ningún hermano de la congregación. (Y así lo hice, asistí a la feria del siguiente año y disfrute mucho con mis hijas y sus primas de otra congregación y amistades no Testigos). ¿Qué les parece? ¡Que débil espiritualidad tienen muchos Testigos, que con tan solo **unos nombres y decoraciones** navideñas *tropiezan*!

Lamentablemente, todavía vendrían situaciones de mayor envergadura para mí y mi familia.

COMIENZO A BUSCAR LA BARBA
V

"…Dios no se rige por la apariencia exterior del hombre…"
Gálatas 2:6

Durante el mes de abril de 2004 sufrí una enfermedad de bronquitis muy fuerte. Estuve dos semanas en recuperación. De todos los síntomas que tuve, la fiebre alta fue la que me causó una reacción adicional en mi cuerpo. Específicamente en el área superior de mis labios y hacia la barbilla, se me desarrollaron unas erupciones a consecuencia de la alta fiebre. Esto hizo que se me hiciera imposible afeitarme, pues las erupciones cutáneas alrededores de los labios lo impedían. Para que usted se imagine lo fuerte de las erupciones cutáneas, tuve que ir al médico para tratarlas pues me dolían muchísimo y, el ungüento recetado para aplacar las erupciones tuvo un pago deducible de $60.00 US.

En la organización de los Testigos de Jehová, no se permite el uso de la barba, ni el goatee (candado), y, según he escuchado, en algunos países (como en Cuba), ni siquiera el bigote. Yo sabía de esto, y no le había dado tanta importancia, hasta que me correspondió lidiar con una de las batallas emocionales más fuertes en mi vida. Precisamente por mi enfermedad me ví en la necesidad de no afeitarme y usar un "goatee" (candado) en mi apariencia. Conociendo las normas de la Sociedad WT en torno a esto, llamé al anciano superintendente presidente de la congregación para dejarle saber de mi situación y que, en vista de de mi enfermedad, me vería obligado a ir con un "goatee" (candado) a las reuniones. Su respuesta fue que si no había remedio pues asistiera así. Las siguientes reuniones marcaron una diferencia de trato a mi persona.

Ya no me permitían participar en las reuniones, no solo de presentar algún discurso desde la plataforma, sino de privilegios tan sencillos como los siguientes: contestar en el estudio de La Atalaya, leer en el estudio de libro, pasar el micrófono durante las reuniones, entregar literatura del departamento de literatura. Todo esto comenzó a dolerme, no por el hecho de que la Watch Tower (WT) haya impuesto esta norma, *sino por la manera en que yo estaba siendo tratado* en medio de mi enfermedad.

En medio de toda esta situación, tan solo unas semanas siguientes una de mis hijas fue recluida en un hospital lo que afectó emocionalmente a mi esposa y a mi y también requirió de mi esposa y de mi una atención muy especial hacia nuestra hija. Aún con toda la situación de mi hija, el superintendente presidente de la congregación en una llamada inquirió de mi apariencia personal (de hecho, el mismo día de la hospitalización de mi hija.) y, no pude entender, como un llamado "pastor de congregación" que se supone resulte ser "como un escondite contra el viento" no demostrara ni un mínimo sentido de sentimiento o compasión humana por la situación emocional que estaba atravesando mi familia. Lo único que le pude contestar fue que en esos momentos mi prioridad en mi vida lo era la salud de mi hija y que mi barba no era un "issue" en esos momentos. No hubo más conversación entonces. Fueron dos semanas de atención completa hacia mi hija y no pudimos asistir de lleno a las reuniones del Salón del Reino.

Es muy importante mencionar que durante el tiempo en que mi hija estuvo en el hospital y en casa luego de salir del hospital, no recibimos ni una sola llamada de los pastores de la congregación para saber del estado de salud de nuestra hija.

A final de cada mes, es muy importante para la WT conocer la cantidad de horas que un Testigo de Jehová dedicó a predicar de casa en casa o informalmente. Menciono este dato pues, precisamente al finalizar dicho mes, sí, recibí una llamada de un pastor de la congregación...pero no fue para preguntar por la salud de mi hija, de hecho nunca lo hizo. Sus palabras fueron casi textualmente: "Hermano, le estoy llamando para tener su informe de horas del mes..." Nuevamente no podía creer que, en medio de una situación de crisis en mi familia, los que habían sido mis pastores de congregación hubieran "brillado por su ausencia". De hecho, el hermano que llamó se limitó a esperar por la información solicitada y, luego colgó, así, sin nada más que preguntar.

"Yo sé que después de mi partida entrarán entre ustedes lobos opresivos y no tratarán al rebaño con ternura"
Hechos 20:29

Aún cuando se me había limitado a todos los extremos mi participación en las reuniones del Salón del Reino, incluyendo la sencilla tarea de pasar los micrófonos en las reuniones, continué asistiendo a las reuniones y, una noche, para sorpresa mía y de mi esposa, en una reunión de servicio bajo el título de "necesidades locales" (Que es un discurso que se utiliza para mencionar las situaciones que pueden estar ocurriendo en la congregación), se hizo un discurso de "señalamiento". El discurso fue utilizado para mencionar mi apariencia y, según las propias palabras usadas en el discurso, el pastor que discursó utilizó en muchas ocasiones, quizás hasta de sonsonete en el discurso la frase de que el testigo que use una barba **"no tiene *sentido común*"**.

Este discurso hacia mi persona se conoce dentro de la WT como un "discurso de señalamiento". Le voy a citar directamente del libro *Organizados para hacer la voluntad de Jehová* páginas 150-151, lo que dice la WT en cuanto a lo que amerita un anuncio de "señalamiento" dentro de la WT. En la página 150 bajo el subtítulo de *"Señalar a los desordenados"* el segundo párrafo dice *"De vez en cuando, alguien que no ha demostrado ser culpable de practicar ningún pecado grave que merezca expulsión tal vez manifieste* **un desprecio flagrante** *por el orden teocrático. El proceder en cuestión* **no es de tan poca importancia** *que pueda tratarse aplicando los consejos bíblicos y mostrando amor; más bien, es algo lo* **suficientemente grave** *como para* **desacreditar** *la congregación y llegar a* **infectar** *a otros cristianos"*. Continúa diciendo en la página 151, primer párrafo: *"Tras aconsejar varias veces* a dicha persona los ancianos (pastores) pudieran determinar que se presente un discurso a la congregación en el que se hable **de tal conducta desordenada.** Sin embargo, serán razonables y perspicaces al decidir si una situación en particular es **tan grave** y **preocupante** como para que sea necesario presentar un discurso de advertencia. *En esta clase de discurso no se mencionan nombres,* **pero los que estén al corriente de la situación referida captarán la advertencia y Limitarán su relación con tal persona"**.

Amigo lector, ya usted ha leído todas las situaciones tanto emocionales como de enfermedad que me llevaron a mi situación de usar una barba tipo "goatee" (candado). Quiero que usted analice, objetivamente, si esto ameritaba un discurso de señalamiento a mi persona, sin avisar con anticipación, frente a toda la congregación, y un discurso que como usted bien puede referirse a la propia literatura de la WT, es aplicado a personas con conducta de **"desprecio flagrante, de asunto grave, de descrédito, que infecta a la congregación"**, **y,** en el que se exhorta a **"limitar su relación social con tal persona"**.

Fue muy abrumador para mí el recibir este trato de parte de unos pastores de congregación que se jactan de ser representantes del Amoroso Dios Altísimo.

Mi esposa sufrió mucho durante todo el discurso y al concluir la reunión fue directamente al pastor a decirle lo impropio de esta acción, recibiendo ninguna contestación al respecto. Pero mi conciencia, salió incólume, intacta, después de dicho discurso de señalamiento. Aunque aún así, continué asistiendo a las reuniones porque siempre pensé que Mi Amoroso Dios Jehová *NO había hablado en aquel discurso*. Pero fue entonces en esta etapa que comencé a pensar, si dentro de la sociedad WT ya había doctrinas humanas impuestas como mandatos de Dios, tal como los Fariseos impusieron pesadas cargas a los que querían acercarse a Dios, torciendo, añadiendo y cambiando los mandamientos de Dios. Como en ese discurso de señalamiento se mencionó una experiencia de un Testigo de Jehová en América Latina donde lo confundieron con un guerrillero al predicar con una barba, (Unica evidencia presentada en el discurso de lo "impropio" y de "falta de sentido común" de usar una barba), esto me motivó a comenzar una búsqueda en los artículos y **la propia literatura de la sociedad WT,** para saber dónde, cuándo y cómo se había prohibido o perdido el uso de la barba dentro de la sociedad WT.

Grandes sorpresas descubriría en esta búsqueda de la barba perdida.

EL ENCUENTRO DE UNAS BARBA-RIDADES

VI

"…Yo soy Jehová, no he cambiado"

Malaquías 3:6

"Mi busqueda de la barba la comence a realizar, escudriñando las propias publicaciones de los Testigos de Jehova. Las fotos que se pueden encontrar del propio fundador de los Testigos de Jehova, Charles Taze Russell, en ellas aparece utilizando una barba en todo momento. Pueden encontrarase en internet fotos de Russell predicando, estudiando y reunido en sus oficinas luciendo su barba. Y, por supuesto, muchos de aquellos testigos que le acompañnaban tambien. No es dificil saber, que historicamente, al propio Jesucristo se le atribuye usar una barba y a sus fieles 12 apostoles tambien. Me pregunto entonces, donde y cuando se perdio la barba? Quien, dentro de la Watchtower ordeno el afeitado obligatorio para servr a Dios?." Esto lo fui corroborando, a traves de sus publicaciones. Por ejemplo, en el libro "De Paraiso perdido a Paraiso recobrado", (publicado por la Watchtower en 1958), en la pagina 141, tienen un dibujo de Jesucristo crucificado y al lado los dos malhechores que sabemos le acompañnaron en ese momento. Lo peculiar de este dibujo, es que aparece un Jesus SIN barba, el malhechor que le solicita a Jesus su perdon y que lo recuerde en el Paraiso, aparace SIN barba, y el otro malhechor, que no muestra arrepentimiento, aparece CON barba. Evidentemente, esto es una manipulacion y un mensaje subliminal para el lector de que, los "Salvos" no usan barba, y los condenados o impenitentes, usan barba. La barba que buscaba, continuaba perdida, sinembargo, mientras mas buscaba esa barba, mas encontraba otras cosas.

Los dos primeros artículos encontrados que captaron mi atención y que resultaron ser toda una sorpresa para mí lo fueron las siguientes:

1. La Watchtower (WT) prohibio el uso de las vacunas de 1930 a 1950. Catalogándolas incluso de **demoníacas.** Pero dejemos que los propios artículos de la WT hablen por sí mismo.

"During the 1930's and 1940's vaccinations were forbidden as worthless, harmful from a medical standpoint, and morally wrong from a biblical standpoint. This was based on the teaching that blood by products could not be used."

Golden Age 1931 February 4, p.293

"Vaccination is a direct violation of the everlasting covenant that God made with Noah after the flood."

Golden Age 1929 Nov. 13 pp.106,107

"Avoid serum inoculations and vaccinations as they pollute the blood stream with their filthy pus."

Golden Age **1921 Oct. 12 p.17**

"Vaccination never prevented anything and never will, **and is the most barbarous practice....** We are in the last days; and **the devil** is slowly losing his hold, making a strenuous effort meanwhile to do all the damage he can, and to his credit can such evils be placed.... Use your rights as American citizens *to forever abolish the devilish practice of vaccinations.*"

Golden Age **1929 Jan. 5, p.502**

"Thinking people **would rather have smallpox than vaccination,** because the latter sows seeds of syphilis, cancers, eczema, erysipelas, scrofula, consumption, even leprosy and many other loathsome affections. Hence the practice of vaccinations is a crime, an outrage, and a delusion"

Golden Age **1924 Jan 16**

"It has never been proven that no single disease is due to germs."

Golden Age 1925 Apr 22 p.453

"Disease is Wrong Vibration. From what has thus far been said, it will be apparent to all that any disease is simply an 'out of tune' condition of some part of the organism. In other words **the affected part of the body 'vibrates' higher or lower than normal...the Electronic Radio Biola...automatically diagnoses and treats diseases by the use of electronic vibrations.** The diagnosis is 100 percent correct, rendering better service in this respect than the most experienced diagnostician, and without any attending cost."

Golden Age 1931 Feb 4 pp.293, 294, 297

"..much looseness of our day along sexual lines may be traceable to the easy and continual violation of the divine commands to keep human and animal blood apart from each other. With cells of foreign blood racing through his veins a man is not normal, not himself, but lacks the poise and balance which makes for self control. ... *Vaccination has never saved a human life— it does not prevent small pox...Vaccines cause demonism, and are useless* "

Golden Age **May 31, 1939, p.3**

"Vaccines are a cruel hoax."

The Society dropped the ban during the 1950's. La sociedad quitó la prohibición durante los años 50's.

2. La Watchtower (WT) prohibió el transplante de órganos de 1967 a 1980.

"Transplants are a relatively new procedure. The rise in popularity during the 20th century led to the Society needing to provide a ruling on whether this conflicted with God's Holy requirements.

Watchtower - November 15, 1967 - Questions from Readers - pp.702-704:

"Sustaining one's life by means of the body or part of the body of another human…would be **cannibalism**, a practice **abhorrent** to all civilized people… It is not our place to decide whether such operations are advisable from a scientific or medical standpoint... Christians who have been **enlightened by God's Word** do not need to make these decisions based simply on the basis of personal whim or emotion. They can consider the divine principles and use these in making personal decisions as they **look to God for direction**, trusting him and putting their confidence in the future that he has in store for those who **love him**"

This pronouncement meant that a Jehovah's Witness could not accept a kidney transplant, a cornea transplant, bone marrow, skin, or anything else taken from another person. This has led to loss of lives that simple operations could have saved. It was reiterated in 1968 in the June 8 Awake, in which almost the entire magazine went into the Watchtower view of medical procedures. The edict on transplants, **a disfellowshipping directive** enlightened by Gods Word lasted only thirteen years.

Watchtower March 15, 1980, p 31:

"There is no Biblical command pointedly forbidding the taking in of other human tissue.... **It is a matter for personal decision...**"

Quiero que medite, amigo lector, profundamente en estos dos primeros incidentes. Si es usted un Testigo activo y bien entrenado por la WT, ya habrá concluido muy rápidamente, que la WT enseña que "La luz se va haciendo cada vez más clara para el justo" (Proverbios 4:18) y que "El esclavo fiel y discreto" (Mateo 24:45) suple el alimento espiritual al tiempo apropiado. Para todo Testigo, Jehová Dios solo habla a través de la Sociedad WT. Y, de ser esto absolutamente cierto, entonces tenemos que preguntarnos, *¿Se equivocó Jehová? ¿Dirigió Dios a la WT del 1930 al 1950 a pronunciar unos decretos tan serios y condenables hacia lo que hoy día es un recurso médico tan importante, y salvavidas como lo son las vacunas? ¿Volvió a hacer lo mismo Dios con el transplante de órganos? ¿Y qué de aquellos fieles Testigos que siguieron los decretos de la WT y perdieron sus vidas por ambas restricciones? ¿Y qué hacemos con los Testigos que no vieron bien aquellos decretos y por seguir su conciencia, procedieron a efectuarse dichos tratamientos médicos, pero fueron expulsados?*

<u>Mi búsqueda de la barba perdida había comenzado a disminuir</u> y entonces me interesé en conocer un poco mas los comienzos de la Sociedad Wtachtower Bible & Tract (WT). Sin embargo, aún deseaba escudriñar **con**

la propia literatura de la WT, no quería inmiscuirme en literatura de mofa y critica insultante. Entonces comenzó la búsqueda de la historia, el desarrollo, las predicciones, los presidentes y creencias de la Sociedad WT, religión en la que por 20 años puse a ojos cerrados mi confianza.

SE COMIENZAN A CAER LAS TORRES
VII

"No les toca a ustedes saber en qué día o en qué ocasión hará el Padre las cosas que solamente El tiene autoridad para hacer…"
Hechos 1:7

Estuve muy interesado en buscar y verificar toda esta información pero solamente con la literatura de la W.T. porque hacerlo de otra manera hubiera representado el que me enviaran a un comité judicial y exponerme a una eventual expulsión. De manera que así lo continué haciendo, y, otra información que me sacudiría y que me llevaría a continuar buscando fue lo encontrado en las primeras revistas de la W.T. acerca del 1914 y, la fecha de la caída de Babilonia promulgada por la W.T.

Lea lo que encontré en la literatura de la **PROPIA** Watchtower:

Studies in Scriptures Series IV (1897) p.621

> "Our Lord, the appointed **King, is now present since October 1874**, A.D., according to the testimony of the prophets, to those who have ears to hear it: and the formal inauguration of his kingly office dates from April 1878, A.D."

Prophecy (1929) p.65

> "The Scriptural proof is that the **second presence** of the Lord Jesus Christ began in **1874 A.D.**"

Our Lord's Return (**1929**) pp.27, 33, 37

> **"From 1874 onward is the time of the Lord's second presence**, as above stated... his circumstantial evidence fulfilling prophecy is what constitutes the physical facts, and is proof corroborative of the Lord's presence since 1874...His **presence beginning in 1874**, he has carried on his harvest work from 1874 forward... "

Russel y Rutherford creían y enseñaban que la presencia invisible de Jesucristo había comenzado en el 1874. Que el fin del tiempo de los gentiles del 1914 significaría el fin del mundo inmediato y que el Reino regiría la tierra de inmediato, comenzando antes el Armagedón.

No fue hasta el 1930 cuando Rutherford proclamó que la presencia de Cristo fue en 1914 y no en 1874. Como veremos a continuación:

The Golden Age **1930** p.503
"Jesus has been present since 1914"

Otro descubrimiento lo fue en torno el año 607 a.e.c. (que tanta importancia tiene para la WT, pues a partir de esa fecha es que se cimienta toda la creencia de la presencia de Jesucristo en el 1914 que, según la WT, fue la fecha en vino Jesucristo de vuelta a la Tierra).

Descubrí que el año 607 a.e.c. no tiene ningún fundamento histórico. En ninguna de las páginas escrita de la historia humana, aparece el año 607 a.e.c. Es sorprendente que inclusive páginas históricas tan respetadas como diccionarios, enciclopedias universales, y hasta la misma página de la historia del país de Israel y por ende de su Ciudad de Jerusalén, hacen mención al añ586 a.e.c como el año en que Jerusalén es destruida y no el 607 como enseña la WT. Mi pensar inmediato fué ¿Cuál es el propósito de enseñar algo que no tiene fundamento histórico? ¿Cómo una organización que tanta importancia le ofrece a los acontecimientos históricos, no enseñe junto a la historia lo del año 586 a.e.c.? No quiero pensar que la WT se empeñe en señalar al 607 solo con la intención de que cuadre su explicación de los 2,520 años para llegar al 1914...

Un repaso breve de solo algunas de las fechas y profecías erróneamente señaladas por la WT me hace pensar en los textos bíblicos a continuación; "Mis pensamientos no son los pensamientos de ustedes" (Isaias 55:8) dice Jehová y, en cuanto a la llegada o presencia de Jesucristo, el propio Hijo de Dios dijo "Respecto a aquel día y la hora nadie sabe, ni los ángeles, ni el propio hijo, solamente el Padre".

Descubrí que fue la propia WT quién puso sugestivamente en la mente de los Testigos el que el Fin llegaría en el 1975 o muy cerca de este. Note lo siguiente:

"Does this mean Babilón will go down by 1975? Will Armageddon will over? It Could! Acknowledege F.W.Franz, WT Vice –President…but we are not saying.."
1975 Yearbook, p 256

"Will all be over by the 1975…Possibly…It may involve only difference of weeks or months, **not years**".
Watchtower August 15, 1968 p.4 99

"Así pues, ustedes han anulado el mandato de Dios para seguir sus propias tradiciones…sus enseñanzas son mandatos de hombres".
Mateo 15:6, 9.

Aunque toda esta información es sorprendente, no fue esto lo que me estremeció finalmente, ni lo que pudiera decir que colmó la copa. Aunque en menor grado, y, por todas las situaciones que ya han sido aquí expuestas, mi deseo de participar en la predicación continuaba latente. Así que un domingo, luego de la reunión pública, me quedé para participar de la predicación junto a mi hija. Me senté con mi hija junto al grupo que participaría de la predicación. Sin embargo, antes de que el grupo saliera del

Salón del Reino, me llamaron aparte dos Pastores (Ancianos) de la congregación para reunirse conmigo en lo que todos los hermanos llaman "El cuartito frío", (En realidad, un cuartito pequeño donde se presentan discursos cortos de hasta 5 minutos para análisis de los Pastores, pero que lleva el pseudónimo porque es en ese cuartito que acostumbran reunirse con los Testigos o el cuerpo de Pastores, según sea el caso, para dilucidar, situaciones que estén aconteciendo en la congregación).

Los dos Pastores se reunieron conmigo a puerta cerrada, para advertirme y dejarme saber que en vista de mi apariencia (mi barba "goatee") "No podían permitirme el que saliera a predicar."

El sentimiento que me invadía todo en derredor de mí, era un sentimiento de dolor. Dolor de que, aún teniendo yo el deseo, y el haberme esforzado en salir a participar en la predicación ese día, dejando atrás todo lo que al momento he expuesto, y mayor aún, queriendo salir a participar en la predicación con mi hija, me impidieran realizarlo. No pude decirles nada. Lo único que pude hacer fué tomar mi maletín con literatura de la WT que tenía a mi lado, levantarme y salir de allí. Mientras daba aquellos pasos, sentía como si me hubieran infligido la estocada final. Y una pregunta retumbó en mi mente: ¿Con la autoridad *de quién*, se me está impidiendo hablar de Dios? Un Cristiano deseoso de hablar de Dios y la biblia con las personas, es impedido de poder hacerlo, ¿Con la autoridad *de quién*,? ¿Acaso Dios, el Altísimo Soberano Universal Jehová, no me quiere hablando de su palabra, por que tengo una barba? Cuando llegué a donde estaba mi hija esperándome para salir a predicar, me preguntó si algo había sucedido y le dije que no, que todo estaba bien y que se preparara pues *¡saldríamos a predicar!*

Y así lo hice, salí a predicar con mi hija. No puedo negar que me faltaban fuerzas para poder mirar en los ojos a las personas y hablarle de una "Organización de Dios" en la Tierra amorosa y llena de personas a las que se pueden considerar verdaderos amigos. No podía ya hablar en esos términos. Llegué a casa destruido, pero satisfecho de haber cumplido mi deseo de hablar de Dios, por encima de restricciones impuestas por hombres.

Aunque por mi parte hubiera seguido asistiendo a la congregación donde me habían ocurrido todas estas cosas, sin nada de que avergonzarme, mi esposa razonó muy conmigo y concluimos que ya no podíamos seguir en aquella congregación y mi esposa sugirió que nos cambiáramos de congregación para así no tener que lidiar cada vez de ir al Salón del Reino con estos hermanos. Yo estuve de acuerdo. Comenzamos a reunirnos en el mismo Salón del Reino pero con otra congregación a diferentes horarios.

El recibimiento fue uno muy amable.(No dude de que usted será siempre muy bien recibido al entrar a un salón del reino y por ende a la Watchtower, pero muy diferente es el caso cuando usted desee dejar de asisitir o separarse de ella). Todos los asistentes a esta otra congregación me saludaban siempre. El Pastor a cargo de mi recibimiento siempre me preguntaba de cómo me sentía y preguntaba por mi, cuando no asistía a las reuniones, pues ya había comenzado a dejar de asistir regularmente. Solamente yo, pude percibir el mirar extraño que muchos me hacían, sin lugar a dudas por mi barba. Por 20 años estuve asistiendo a las reuniones, asambleas y días especiales de los Testigos de Jehová y en esos 20 años nunca utilicé la barba en mi apariencia. Si usted, amigo lector, conoce por 20 años a un amigo y nunca le ha visto con barba, cuando lo encuentra ahora con barba probablemente usted lo note y, no sé, tal vez le comente algo como "nunca te había vista con barba", "No te reconocía", etc. Sin embargo, ¿Hubo alguno en esta congregación que se me acercara para preguntarme de mi barba? Ninguno. ¿Hubo alguno que me hiciera tan solo un comentario jocoso en conversaciones triviales? Ninguno.

Aún en actividades fuera del Salón del Reino, era notable cierto enmudecer al respecto. Me preguntaba a veces, si, ya se les había dicho algo de mi y que no mencionaran el tema, o era **puro miedo** de preguntar o cuestionar por el uso de mi barba. **Miedo** de abordar temas que la WT condena, **miedo** de ser escuchados apoyando o no el uso de la barba. Es importante que me mencione a este punto, que, en la otra congregación hubo hermanas y hermanos, que, antes de que sacaran de perspectiva el asunto, llegaron a decirme que no encontraban nada malo en el uso de una barba.

En una ocasión sentí el deseo de ir a la reunión pero en otro pueblo, para variar el asistir al mismo Salón donde tanto sufrí. Lo que me ocurriría allí me dejaría ver algo al respecto del uso de la barba. Llegué un domingo en la mañana a un Salón del Reino de un pueblo cercano al que resido. Entré saludando a todos los allí presentes, o por lo menos a todos los que así pude. Este Salón es un complejo de dos Salones, por lo que otra congregación se estaría reuniendo al lado en el mismo horario. Mientras estaba en el recibidor principal del complejo, pude ver a lo lejos nada más y nada menos, que a la persona que me dio los estudios bíblicos antes de bautizarme.

Mi deseo de saludarlo fue tan grande y el amor que sentí de verlo también. Como en otras ocasiones en que lo podía ver, fui a su encuentro allí mismo dentro del Salón del Reino. ¡Que emocionante! Imagine la escena, voy apresurado para saludarlo y darle un buen abrazo, y cuando me ve…me detiene. Me mira y tan solo me dice: "Pero y a ti,¿Qué te pasa?, a lo que le respondí; "A mi no me pasa nada, me alegra mucho verte! Y el tan solo me respondió: "*Tú estás mal, ¿y esa barba?*" (me agarra por un brazo) y me dice: "Vamos a hablar afuera". Lo detuve y le dije muy seriamente: "Yo estoy muy bien, me siento muy bien, me estás haciendo daño con tus comentarios, solo vine a saludarte y a la reunión, y no quiero que sigas con estos comentarios". Tan pronto percibió el tono firme de mis palabras, desistió de su actitud, pero el daño ya estaba hecho, por lo que dí por terminada mi conversación con él y me retiré al salón…

Mientras se llevaba a cabo la reunión no dejaba de pensar en como la WT impone unas normas y como estas pueden afectar tanto a un ser humano. Esto corroboró mi duda de si en otros salones me tratarían de igual manera. Y, no hay dudas, el uso de la barba es prohibido y penalizado entre todas las congregaciones de los Testigos de Jehová en Puerto Rico. De más está decir que me dolió el que este "hermano" y "amigo sincero", tan solo se fijara en mi apariencia antes que en mi deseo de saludarle y hablarle.

Hablemos precisamente de la clase de "amistad sincera" que pude encontrar en la congregación.

"…Existe un amigo más apegado que un hermano"
Proverbios 18:24

Si bien es muy cierto que todos los seguidores de la WT, al igual que en otras religiones, son personas muy sinceras y humildes, tengo que enfatizar que definitivamente, la organización de la WT les pauta normas directas en cuanto a quién, cómo, cuándo y donde terminar con dichas amistades. Terminar con amistades por conductas de riesgo como delincuencia, y mala influencia de caer en conductas perjudiciales para la salud es lago muy lógico de proceder. Sin embargo, que aquellos que considerabas tus amigos te dejen de buscar y se sientan mal en tu compañía por las normas de la sociedad WT de prohibir el uso de las barbas, es un trato menos comprensible, al menos para mi sí lo es.

Para que tenga idea a lo que me refiero, siempre tuve un "buen amigo" en la primera congregación donde comenzaron a ocurrir los hechos aquí expuestos. Cada cierto tiempo, compartíamos fuera de la congregación y en las actividades nos buscábamos para disfrutar juntos. Un tiempo después de mi cambio de congregación me lo encuentro en un restaurante de comida rápida. Nos saludamos e intercambiamos algunas palabras. Le dije que hacía tiempo que no me llamaba y el me dijo que el había sido el último en llamar y que me correspondía a mí hacerlo.

Muy bien, así hice y lo lamé esa misma noche. En el transcurso de la conversación llegó el punto de mi situación y mi apariencia con barba ("goatee"), sus palabras fueron tan sorprendentes para mí, que me retumbaban varios días después en mi mente. Sus palabras fueron, "tu apariencia incomoda a uno, pues si te tuviera que presentar a personas que no son Testigos, van a pensar que los Testigos permiten ese estilo de apariencia". No pude contestarle, pues en mi garganta había un nudo, un nudo de dolor, al saber que, uno de los que consideraba como mi mejor amigo, opinara que mi apariencia le incomodaba...le molestaba. No di más tema de conversación, le envié saludos a su esposa e hijitos y terminé la llamada.

Analice, amigo lector, si la verdadera amistad se fundamenta en el uso de una barba o no. Si las directrices de una organización

pueden pesar tanto o más, que el desarrollo de una amistad de muchos años. Me sentí, **como si la organización y sus mandatos** pusieran fin a esta amistad. Y en efecto, así es, pues todo fiel Testigo pone <u>los mandatos de la WT</u> como norma para que les dicten a quienes pueden acercarse o entablar amistad y a quienes no. Recurede, que YO mismo lo hice, restringiendo mi circulo de amistades para evitar que "el mundano" me inculcara sus creencias"…¡Cuán fanático se puede estar en una religión!

La fidelidad a la organización Watch Tower va por encima de **cualquier** miembro de la familia. Esto no importa lo que haya sufrido el ser querido que conozca el Testigo, sencillamente hay que seguir apoyando **la organización** porque, no importa lo que diga, no importa los cambios en doctrina que haga la organización, no importa los comienzos de la misma, no importa lo que se descubra, no importa a quién se expulse, no importa a quien se censure, no importa a quien se señale, no importa el daño emocional, no importa que se destruyan lazos matrimoniales, no importa que se destruyan lazos familiares, pues si lo dicta la sociedad WatchTower; eso es suficiente pues significa entonces que "lo dijo Jehová" a través de su único esclavo fiel y discreto. ¡Aunque vez tras vez hallan fallado en sus profecías!

No importa tampoco, que ese esclavo fiel y discreto haya cambiado y cambiado vez tras vez las doctrinas, pues se les enseña los testigos que eso es solamente, "la senda de los justos que es como la luz, que se va haciendo más y más clara hasta que amanece" Prov. 4:18 ó "El alimento al tiempo apropiado" de Mateo 24:45. Pero no es así si otras religiones han cambiado dogmas o puntos de vista, pues entonces la WT las cataloga como vaivenes y enseñanzas falsas y demoníacas.

"Recíbanse con gusto unos a otros, así como
el Cristo también nos recibió…"
Romanos 15:7

La Conmemoración del 12 de abril de 2006.

(Escrito registrado exactamente un día después de La Conmemoración)

Los Testigos de Jehová se reúnen una sola vez al año para conmemorar la muerte de Jesucristo. En dicha ceremonia, de solo una hora exacta de duración, se pasan unas cuantas copas de vino tinto y unos cuantos platos pequeños con pan sin levadura, que ninguno de los invitados ni la gran mayoría de los Testigos pueden tomar o comer. Pues el hacerlo sería declarar que se tiene la esperanza de vida en los cielos al morir. (La sociedad enseña que la esperanza de la humanidad es vida eterna en la Tierra convertida en un paraíso y que solo 144,000 irán al cielo y ya están sellados). De hecho, la Sociedad proclama que solo quedan vivos unos 8,500 de esos ungidos que van al cielo. Esta cena para unos pocos, es la más importante para asistir entre los Testigos de Jehová. Este año, como en todos los anteriores en mis 20 años de Testigo de Jehová, asistí con mi esposa y mis hijas. ¿Se preguntó ya si me afeité la barba para asistir? Bueno, pues sepa usted amigo lector que no me afeité la barba. Me acondicioné la misma y la arreglé de manera muy limpia, muy bien cuidada y profesional como siempre me cuido de llevarla.

La experiencia allí vivida no difiere de lo vivido en la pasada asamblea a la que asistí. ¿A qué me refiero? Pues, que fueron los mismos pocos que me saludaron, tanto a mi como a mi esposa para saludarnos e intercambiar breves palabras. Fíjese bien que mencioné los *"mismos pocos que me saludaron"*, esto lo hago resaltar pues, **ninguno**, (leyó bien) **ninguno** de los pastores de congregación (de quienes se dice "llevan la delantera y dan el ejemplo") tuvo la cortesía de acercarse a mí para saludarme.

¡Hasta tuve un pastor de congregación de la familia de mi esposa que me pasó justo por el lado mío sin decir nada ni saludarme tan siquiera! Tengo que resaltar que para mi sorpresa, mi propia esposa me hizo la observación inclusive de una anterior "amiga" (o por lo menos así la consideraba hasta entonces) de la congregación la cual estuvo muy cerca de nuestros asientos y en ningún momento vino a saludarla. Mi propia esposa se preguntó qué tenía que ver ella como esposa con mi barba para recibir tal rechazo de parte de esa "amiga". Por supuesto que también notó el rechazo que me dieron los ancianos de congregación. ¿No le parece, amigo lector, que esta actitud de parte de quienes se suponen están puestos por Dios y llevan la delantera, se asemeja a la de los *Escribas y Fariseos de la antigüedad?*

Aquellos Fariseos y Escribas "desatendían la justicia y la misericordia" (Mateo 23:23) por cosas de mucho menos importancia. Es por ello que Jesucristo dijo de ellos que "colaban al mosquito y engullían al camello" (Mateo 23:24).

Mientras llegaban invitados a la conmemoración noté que algunos de ellos lucían sus barbas y estilos de barba ("goatee") muy bien cuidadas y arregladas. Entonces, me venía a la mente de cómo se sentirán en el momento que, de seguir asociándose con la Sociedad Watchtower, se les deje saber que para tener la aceptación de la Sociedad Watchtower tendrán que quitarse la barba…

Realmente, aquella noche confirmé muchas cosas. En esa noche de la Conmemoración tan "sagrada" como la Sociedad Watchtower enseña, en una noche donde al visitante que se presenta allí se espera que se le reciba con afecto, amor, y con los brazos abiertos, en una noche donde las apariencias de quien visita no debería ser lo esencial, sino su esfuerzo de tomar el tiempo y haber estado allí, en una noche como esa, sentí todo lo contrario y primordialmente de los que llevan la delantera, a saber, los Pastores de congregación.

ESCAPO DE LA TORRE

VIII

"…El amor no se regocija por la injusticia…"
1Corintios 13: 6

No hay duda de que lo vivido dentro la religion de Los Testigos de Jehova, fue muy doloroso, sin embargo, sin temor a equivocarme, puedo decir que algo también muy penoso para mí, ha sido ver a mi amada esposa y a mis amadas hijas sufrir toda esta situación conmigo. La indignación de mi esposa la noche del discurso en que me señalaron frente a toda la congregación la recuerdo como si hubiera sido ayer. Su llanto, su coraje…

Y precisamente ella tuvo el coraje de enfrentarse al pastor que disertó el discurso y le expresó toda su indignación y humillación por la que nos habían hecho pasar, no solo a mí como persona, sino a ella y mis dos hijas presentes. Ella sintió un dolor ajeno. Tan solo trate de ponerse en mi lugar, para que trate de sentir lo que yo pasé esa noche.

Mi esposa es una mujer muy inteligente, no lo digo para granjearme su favor, me lo ha demostrado en sus múltiples tareas cotidianas como esposa, madre y compañera. Ella sabe muy bien que fue muy injusto todo lo que me hicieron, y estoy seguro de que comprende el daño que estas normas rígidas de la WT han infligido en mi persona. Aunque no estuvo necesariamente presente en todas las situaciones expuestas en este relato, las conoce muy bien.

Solo espero que *su conciencia*, y nada más que *su propia conciencia*, sea la que decida que hacer, que creer, que buscar y a quién agradar en un futuro. Porque he aprendido mucho de esta experiencia vivida, y una de ellas es, que no estamos en una religion para agradar a sus pastores, ministros, o feligreses. Como vestimos, nuestros gustos personales y deseos, no le pertenece a ninguna religion juzgarla.

Todas estas situaciones me han llevado a una gran variedad de conclusiones que detallo a continuación:

Que las normas que impone la Sociedad Watchtower, aunque no se encuentren base bíblica que las sostengan, son más que suficientes para que se deje de demostrar afecto y cariño fraternal a personas que antes trataban con cariño y afecto.

Que las normas de la Sociedad Watchtower son más que suficientes para derrumbar amistades anteriormente entrelazadas con afecto y cariño.

Que las normas que impone la Sociedad Watchtower inclusive son más que suficientes para cambiar el trato que se le debe dispensar a un ser humano, lo que puede conllevar el rechazo, el ignorar, el evitar y el juzgar a la persona, como si el propio Dios hubiera impuesto esas normas…

Que las normas que impone la sociedad Watchtower pueden llegar a poner a la pareja matrimonial en agrias y estériles disputas que pueden socavar y destruir el matrimonio.

Que las normas que impone la Sociedad WatchTower son más importantes para los testigos que su **PROPIA CONCIENCIA**. Conozco de muchas opiniones entre testigos que difieren de la Watch Tower *PERO TIENEN MIEDO DE EXPRESARLO*.

Aunque fue mucho el dolor por los rechazos y por las mentiras que encontré en esta religión, ya estaba preparado para salir de la Torre de la Watchtower y así lo hice…

LIBRE DE LA TORRE

En noviembre de 2006, redacte mi carta de desasociarme a esa religion. En una breve comunicacion dirigida al cuerpo de ancianos (Pastores) de la congregacion a la que perteneci, indicaba clara y voluntariamente mi deseo. "Esta carta es para informarles que yo, Jose M. Leon Del Campo, voluntariamente me he desasociado de la religion de la Watchtower conocida por Testigos de Jehova. Todo lo puedo en Cristo que me Fortalece" Filipenses 4:13.

Esta carta en original, fui a entregarla personalmente a la casa de uno de los Pastores. Cuando el salio a recibirme le dije; " Es lamentable que ustedes no se fijen en la persona interior y solo miren la exterior. Sabes muy bien, fulano, que te estime mucho, pero esto va mas alla de eso. Aqui tienes". El pastor no comento ni una sola palabra. Por lo que no tome mas tiempo y se la entregue a la mano. Al salir y montar mi auto, me senti libre, ansioso, feliz, triste, seguro. Comenzaba entonces una nueva vida sin normas restrictivas de una religion.

NO, no encontré **"La Barba Perdida"** que buscaba, pero encontré mucho más de lo que esperaba y de lo que encontré puedo decir hoy que:

… Yo no pretendo contender ni enfrascarme en esteriles disputas con loS Testigos de Jehova, si ellos quieren seguir imponiendo estas reglas es asunto de ellos y los que se dejen llevar por ellas también es asunto de sus **conciencias**. Solamente he querido narrar mi experiencia para que sirva de análisis para todo aquel que lo interese hacer objetivamente.

…De todas las religiones se puede aprender mucho. Y todas pueden tener conceptos equivocados y citar acertadamente de la quienes debemos agradar, sino, por encima de todas ellas, mas bien agradar a Dios.

Por lo tanto, amigo lector; cuando se sienta que lo quieren adoctrinar con mandatos o puntos de vista puramente humanos, preguntese como el Apostol Pablo:

"¿De quién busco la aprobación, de Dios o del hombre?"
Gálatas 1:10

Biblia. Lo que me lleva pensar de que *Dios está por encima de todas las religiones.*

…La única verdad que existe es la expresada por Nuestro Señor Jesucristo:

"Tu Palabra *es* La Verdad" Juan 17:17

Lo que indudablemente demuestra:

…Que *la Palabra de Dios la Biblia es la única verdad absoluta.* Añadir normas o quitar de ella es hacer lo que hacían los Fariseos de tiempos Bíblicos:

"…Y así invalidan la Palabra de Dios por la tradición suya que ustedes transmiten…"
Marcos 7:13

Muchos quizás se pregunten cómo me siento…

Me siento Libre, sin ataduras de pensar, sin miedo a que me impongan reprimendas por usar mi Propia Conciencia. Continuare estudiando desde otra vision la Biblia y abrire la puerta a escudriñar otras creencias

Ahora, seguiré por la vida con el deseo de agradar, no a alguna organización tratando de cumplir un mínimo de horas de lo cual dependía mi "fortaleza o debilidad espiritual", ni a algún grupo de hombres desconocidos que me impongan lo que debo pensar y lo que no debo pensar, sino... con el deseo de agradar al Ser Supremo, al Divino, al Todopoderoso, al Creador, Dios Padre-Madre, llamelo como usted mas le agrade o conozca, ese Poder es el mismo y escucha a Todos los que le invocan y piden con Fe su ayuda por tantos medios provistos por EL.

Cuando alguien me hace algun comentario de que en su Iglesia o religion, le estan obligando a usar o dejar de usar, ir o dejar de ir, vestir o dejar de vestir, hacer o dejar de hacer, pensar o dejar de pensar, me viene a la mente el texto de Galatas 1:10. En ese texto, el apostol Pablo, hace clara evidencia, de que no es al hombre ni a sus doctrinas o religiones de hechura humana a